Domina el dinero, conquista la libertad

La guía esencial para controlar tus finanzas y lograr la independencia

Domina el dinero, conquista la libertad

La guía esencial para controlar tus finanzas y lograr la independencia

Tiago Rodrigues

Autor: Tiago Rodrigues
Diseño de portada: Tiago Rodrigues
© Tiago Rodrígues

..Índice

1. Introducción
2. La Fundación de la Educación Financiera
3. El poder de la mentalidad financiera adecuada
4. Cómo administrar su dinero de manera efectiva
5. Generar riqueza a través de activos
6. El arte de la gestión de riesgos
7. Finanzas conductuales
8. Planificación para el futuro: jubilación y herencia
9. Innovaciones y el futuro de las finanzas
10. El ciclo de la libertad financiera
11. Cómo aumentar sus ingresos pasivos
12. Errores comunes en la gestión de finanzas personales
13. La importancia de los seguros en la gestión financiera
14. El papel de los impuestos en la gestión financiera
15. Cómo mantenerse motivado en su viaje financiero
16. Cómo establecer y alcanzar objetivos financieros a largo plazo

17. Cómo lidiar con la deuda de manera inteligente
18. El papel de la familia en la educación financiera
19. La importancia de la paciencia y la coherencia en la gestión financiera
20. Conclusión: el camino hacia la libertad financiera

..Introducción

El dinero siempre ha sido una fuerza central en nuestras vidas, dictando nuestras elecciones, nuestras oportunidades y nuestro futuro. A pesar de su innegable impacto, la mayoría de nosotros crecemos sin una comprensión real de cómo funciona el dinero. Las escuelas enseñan materias como matemáticas, historia y ciencias, pero se descuida en gran medida el conocimiento práctico sobre cómo administrar, invertir y hacer crecer el dinero. Esta falta de educación financiera lleva a muchas personas a un ciclo interminable de dificultades económicas, donde, por mucho que trabajen, parecen incapaces de progresar.

Pero ¿y si fuera posible revertir este ciclo? ¿Qué pasaría si, en lugar de simplemente reaccionar a las circunstancias que nos impone la vida financiera, pudiéramos tomar el control y construir un futuro financiero sólido, libre de las incertidumbres y ansiedades que tantos enfrentan? La clave es **la educación financiera** . No es necesario ser un genio o un experto financiero para alcanzar **la independencia financiera** ; Lo que realmente se necesita es conocimiento práctico, disciplina y la adopción de una **mentalidad proactiva.**

Este libro le sirve de guía para comprender el mundo de las finanzas de una manera accesible, práctica y transformadora. A lo largo de estas páginas, aprenderá a pensar como las personas financieramente exitosas, evitará los errores más comunes y aplicará estrategias comprobadas para cambiar su relación con el dinero de forma permanente.

Prepárese para un viaje que podría transformar su vida financiera. A medida que avances, te darás cuenta de que los conocimientos financieros, lejos de ser una habilidad lejana o inalcanzable, pueden convertirse en tu mayor activo. Iniciemos este camino hacia **la libertad financiera** .

..El poder de la educación financiera

Hoy en día, la educación financiera se ha convertido en una herramienta indispensable para todo aquel que quiera alcanzar estabilidad e independencia financiera. Aunque el dinero es uno de los aspectos más relevantes del día a día, pocas personas tienen conocimientos sólidos sobre cómo gestionarlo de forma eficaz. Esta brecha educativa se refleja en altos niveles de deuda, falta de ahorros e inversiones ineficaces.

Por lo tanto, comprender los fundamentos de la educación financiera es el primer paso para transformar completamente tu relación con el dinero.

La educación financiera va más allá de aprender a ahorrar o evitar deudas. Se trata de crear una mentalidad que permita generar riqueza a largo plazo, a través de decisiones conscientes y estrategias bien diseñadas. Ya sea que se trate de planificar una jubilación sin problemas o de asegurarse de que sus finanzas estén siempre bajo control, el poder de saber cómo administrar el dinero adecuadamente es clave. Exploremos cómo la educación financiera puede cambiar su trayectoria, brindándole las herramientas que necesita para lograr la tan deseada libertad financiera.

Cambiando su trayectoria financiera

Cambiar tu trayectoria financiera requiere, ante todo, ser consciente de que cualquier persona, independientemente de su situación actual, puede aprender y aplicar los principios de la educación financiera. El cambio comienza por comprender que, incluso sin ser un experto, es posible transformar hábitos financieros y adoptar comportamientos que aumenten la seguridad y el bienestar financiero. La clave de este cambio está en la mentalidad, las decisiones diarias y la visión de largo plazo.

Con conocimiento y práctica, puedes abandonar patrones destructivos, como el gasto impulsivo o la falta de ahorros, y adoptar comportamientos que creen bases sólidas para el futuro. A lo largo de este libro, cubriremos todos los aspectos fundamentales de la administración del dinero, desde principios básicos hasta técnicas de inversión y planificación financiera más avanzadas. A través de estrategias prácticas y ejemplos reales, verás cómo es posible cambiar completamente tu rumbo financiero y alcanzar una vida más próspera.

..Capítulo 1: La base de la educación financiera

...La importancia de aprender sobre el dinero

Comprender cómo funciona el dinero es una habilidad tan esencial como saber leer y escribir. Sin embargo, durante mucho tiempo la educación financiera fue ignorada o tratada como algo secundario. Muchos creen que el conocimiento sobre el dinero es algo que se adquiere automáticamente a medida que envejecemos. Sin embargo, la realidad es bastante diferente. La falta de **conocimiento financiero** puede acarrear una serie de problemas, desde la acumulación de deudas hasta una incapacidad crónica para aprovechar las oportunidades que se presentan.

La educación financiera es un pilar fundamental para cualquiera que quiera escapar de este ciclo de incertidumbre. No sólo nos enseña cómo administrar mejor el dinero que ya tenemos, sino que también nos muestra formas de multiplicarlo, haciendo que el dinero trabaje para nosotros, en lugar de que nosotros trabajemos constantemente para él. Más que nunca, la capacidad de ahorrar, invertir y hacer crecer el dinero es la diferencia entre una vida de presión constante y una vida de opciones y libertad.

Con los conocimientos financieros adecuados, podemos tomar mejores decisiones: controlamos nuestros impulsos de consumo, podemos identificar buenas oportunidades de inversión y aprendemos a afrontar las crisis económicas y las circunstancias imprevistas de la vida. En última instancia, es este conocimiento el que nos prepara para los **altibajos financieros** que inevitablemente surgen.

La libertad financiera no se traduce sólo en la capacidad de comprar lo que queremos. La verdadera libertad financiera es la capacidad de elegir cómo vivir tu vida, sin estar limitado por cuestiones de dinero. Este concepto de libertad es algo a lo que muchos aspiran, pero pocos logran, simplemente porque nunca han aprendido las **reglas básicas** que rigen el dinero.

Este capítulo ofrece una base sólida sobre la importancia de aprender sobre el dinero y, sobre todo, cómo esta educación puede transformar tu vida de manera irreversible.

.Los mitos más comunes sobre la riqueza y cómo superarlos

Cuando hablamos de dinero, existen muchos mitos y conceptos erróneos que influyen en nuestra percepción de **la riqueza** y de lo que significa ser financieramente estable. Estos mitos actúan como barreras, muchas veces inconscientes, que nos impiden avanzar económicamente. Desmitifiquemos los más comunes:

Mito 1: "Hay que ganar mucho para ser rico"

Existe la creencia generalizada de que, para ser rico, es necesario tener un salario muy alto o heredar grandes cantidades de dinero. Sin embargo, la realidad es bastante diferente. Muchas de las personas con mayor éxito financiero comenzaron con ingresos modestos, pero han logrado acumular **grandes activos** a través de hábitos financieros sólidos y consistentes.

La verdadera riqueza no proviene necesariamente de la cantidad de dinero que se gana, sino de la forma en que se administra ese dinero. Independientemente de la cantidad que ingreses cada mes, el secreto está en cómo ahorras, cómo inviertes y cómo haces que ese dinero crezca con el tiempo. El concepto de **"pagarte a ti mismo primero"**, es decir, reservar parte de tus ganancias para invertir en el futuro, es fundamental para acumular riqueza. Cualquiera que sea su situación financiera actual, la forma en que elija administrar su dinero es el factor determinante en su futuro financiero.

Mito 2: "Se necesita suerte para hacerse rico"

Este mito lleva a muchas personas a creer que el éxito financiero depende exclusivamente de la suerte: ganar la lotería, heredar dinero o estar en el lugar correcto en el momento correcto. Si bien la suerte ciertamente puede desempeñar un papel en algunas historias de éxito, en la inmensa mayoría de los casos, **la riqueza** es el resultado del trabajo duro, la planificación y las buenas decisiones.

La verdad es que, al adoptar un enfoque proactivo y planificado en sus finanzas, usted mismo puede crear su "suerte" financiera. Establecer objetivos financieros claros, desarrollar hábitos de ahorro e invertir sabiamente son las herramientas más poderosas para generar riqueza con el tiempo.

Cuando sigues un plan, el factor "suerte" se vuelve mucho menos importante en la ecuación.

Mito 3: "La deuda siempre es mala"

Un error común es creer que toda deuda es perjudicial y debe evitarse a toda costa. Si bien ciertas deudas, como **las tarjetas de crédito** con intereses altos , pueden ser financieramente desastrosas, existen otras formas de deuda que pueden ser herramientas valiosas para crear riqueza.

La deuda buena es aquella que permite adquirir algo que generará valor en el futuro. Por ejemplo, pedir un préstamo para invertir en una propiedad que generará ingresos mensuales es una deuda que puede generar importantes retornos. **Las deudas incobrables** son aquellas que no aportan ningún tipo de retorno económico, solo consumen tus recursos. Con una comprensión clara de esta distinción, es posible utilizar el crédito de manera estratégica y beneficiosa, evitando caer en las trampas de una deuda de consumo que no aporta valor.

Mito 4: "Invertir es demasiado arriesgado"

El miedo a perder dinero impide que muchas personas inviertan. La percepción de que el **mercado financiero** es demasiado arriesgado y reservado sólo a especialistas ahuyenta a potenciales inversores que, con los conocimientos adecuados, podrían obtener importantes rentabilidades. Si bien es cierto que invertir implica cierto grado de riesgo, la buena noticia es que existen formas seguras y asequibles de invertir, especialmente si se adopta un enfoque diversificado a largo plazo.

La verdadera pregunta no es si es arriesgado o no invertir, sino si es más riesgoso **no invertir** . Cuando el dinero permanece en una cuenta bancaria, pierde valor con el tiempo debido a la inflación. Por otro lado, invertir permite que su dinero crezca y trabaje para usted, ayudándole a alcanzar la independencia financiera.

Mito 5: "Ahorrar es suficiente para garantizar la seguridad financiera"

El ahorro es un paso crucial hacia la seguridad financiera, pero por sí solo no es suficiente.

Ahorrar dinero sin invertirlo adecuadamente puede limitar el crecimiento de sus activos. La verdadera **seguridad financiera** proviene de la combinación de ahorro e inversión. Ahorrar protege tu dinero, pero invertir permite que se multiplique y genere riqueza con el tiempo.

La clave es encontrar el equilibrio adecuado entre tener un **fondo de emergencia** , que pueda cubrir imprevistos, e invertir el resto para obtener **rendimientos consistentes** . La seguridad financiera a largo plazo depende de esta combinación de ahorro e inversión.

Al superar estos mitos, estás allanando el camino para una nueva forma de ver y lidiar con el dinero. El éxito financiero no es una cuestión de suerte o destino, sino de **educación** , **disciplina** y **acción constante** . Cuanto antes empieces a educarte financieramente, más preparado estarás para construir la vida que deseas. Recuerde: el conocimiento es su mayor activo.

..Superando los mitos y tomando el control

Superar estos mitos y ganar control sobre sus finanzas requiere un esfuerzo consciente para aprender y aplicar nuevos conocimientos. La educación financiera permite desmontar creencias limitantes y sustituirlas por prácticas efectivas que promuevan el crecimiento del patrimonio. A lo largo de este libro profundizaremos en cada uno de estos temas, con orientación práctica y estrategias claras para que puedas alcanzar tus objetivos financieros. El primer paso es darte cuenta de que el control de tus finanzas está en tus manos y que, con el conocimiento adecuado, puedes construir el futuro financiero que deseas.

Capítulo 2: El poder de la mentalidad financiera adecuada

..Cómo el pensamiento positivo y las estrategias de crecimiento mental conducen a la independencia financiera

La mentalidad financiera es uno de los aspectos más importantes para lograr la independencia financiera. Si bien muchos piensan que el éxito financiero está puramente relacionado con estrategias prácticas, como ahorrar e invertir, la verdad es que la forma en que piensa y ve el dinero tiene un impacto significativo en su progreso. Una mentalidad positiva y orientada al crecimiento es esencial para mantener la disciplina necesaria para alcanzar las metas financieras.

El pensamiento positivo está directamente relacionado con el concepto de mentalidad de abundancia: la creencia de que hay suficientes recursos para todos y que, con tiempo y esfuerzo, puedes alcanzar tus objetivos financieros. Esta mentalidad contrasta con la mentalidad de escasez, en la que se cree que los recursos son limitados y que el éxito de unos significa el fracaso de otros. Al adoptar una mentalidad de crecimiento, se permite estar más abierto a aprender nuevas estrategias, aceptar desafíos y asumir riesgos calculados, lo cual es crucial para generar riqueza.

Además, las estrategias de crecimiento mental, como practicar la gratitud, visualizar metas y establecer metas realistas, ayudan a mantener la concentración y la motivación. La independencia financiera no se puede lograr de la noche a la mañana, pero con una mentalidad alineada con sus objetivos, será más fácil mantener la coherencia en los hábitos financieros correctos.

El poder del pensamiento positivo

El pensamiento positivo no es sólo cuestión de ser optimista, sino de adoptar un enfoque **centrado en soluciones** . Las personas con una mentalidad financiera positiva abordan los desafíos financieros como oportunidades de crecimiento y aprendizaje, en lugar de quedar paralizadas por el miedo o la desesperación. Por ejemplo, cuando se enfrentan a una deuda inesperada, en lugar de entrar en pánico, se concentran en encontrar formas de administrar mejor su dinero, reducir gastos innecesarios o buscar formas de aumentar sus ingresos.

Creer que el éxito financiero es posible y que está bajo su control es el primer paso para tomar decisiones mejores y más racionales.

Practica la gratitud : al concentrarte en las cosas que ya tienes y los logros que ya has logrado, estás construyendo una base de confianza. La gratitud por lo que tienes abre espacio para más oportunidades financieras.

Reemplazar creencias limitantes - pensamientos como "nunca seré bueno con el dinero" o "nunca seré rico" son barreras mentales que es necesario eliminar. En su lugar, adopte creencias de **abundancia** y **posibilidades**

Visualice el éxito : dedicar tiempo a imaginar cómo será su vida una vez que alcance la independencia financiera es una excelente manera de mantener alta su motivación.

El impacto de la mentalidad de crecimiento

Una **mentalidad de crecimiento** es el concepto de creer que sus **habilidades y conocimientos financieros** pueden desarrollarse y mejorarse con el tiempo. En lugar de creer que el éxito financiero está determinado por un conjunto fijo de habilidades o circunstancias, la mentalidad de crecimiento nos enseña que, con esfuerzo, podemos mejorar continuamente.

Este tipo de mentalidad tiene un profundo impacto en la forma en que administramos el dinero y las inversiones:

Superar los fracasos financieros : en lugar de ver un error financiero como un fracaso personal, una mentalidad de crecimiento te permite ver estas situaciones como oportunidades para aprender y mejorar.

Búsqueda continua de educación financiera : las personas con mentalidad de crecimiento buscan constantemente aprender más sobre finanzas, inversiones y cómo administrar mejor su dinero.

Acepta la incomodidad del cambio : Cambiar los hábitos financieros puede resultar incómodo al principio, pero quienes tienen una mentalidad de crecimiento saben que esta incomodidad es parte del proceso de aprendizaje y evolución.

Al adoptar esta mentalidad, enfrentará los desafíos financieros con más confianza y resiliencia, sabiendo que el éxito está a su alcance, siempre y cuando esté dispuesto a aprender y aplicar los conocimientos adquiridos.

...El impacto a largo plazo de los hábitos financieros saludables

Tener la mentalidad adecuada es el primer paso, pero sin adoptar **hábitos financieros saludables**, incluso la mejor mentalidad puede no producir los resultados esperados. Lo que diferencia a quienes logran **la independencia financiera** de quienes continúan luchando con sus finanzas son las **pequeñas acciones diarias** que, repetidas durante años, crean una diferencia significativa.

Los hábitos financieros tienen un **efecto compuesto** : las pequeñas acciones tomadas de manera consistente producen grandes resultados con el tiempo. Incluso si el impacto inicial parece pequeño, estos cambios se suman y crean una **base sólida** para la independencia financiera.

El efecto compuesto de los pequeños hábitos

El **efecto compuesto** es un concepto central en finanzas y se refiere al crecimiento exponencial del dinero a lo largo del tiempo mediante la reinversión de ganancias. Sin embargo, este concepto también se aplica a los hábitos. Pequeñas mejoras en los hábitos financieros, realizadas de manera constante, pueden tener un impacto dramático a largo plazo.

Ahorro automático : Automatizar un ahorro del 10% de tus ingresos mensuales puede parecer pequeño al principio, pero a lo largo de décadas, el monto acumulado puede resultar sorprendente. Además, el ahorro crea automáticamente una disciplina que impide el gasto impulsivo.

Inversiones regulares : las contribuciones regulares a una cuenta de inversión, incluso cantidades pequeñas, pueden crecer significativamente con el tiempo, especialmente cuando se combinan con el efecto compuesto de los intereses y los ingresos.

La clave es **la coherencia** . Pequeñas cantidades, invertidas y ahorradas constantemente, crean grandes recompensas en el futuro.

Controlar el gasto conscientemente

Para crear hábitos financieros saludables, es fundamental ser consciente de cómo gasta su dinero. Muchas personas no saben adónde va su dinero, simplemente porque no controlan conscientemente sus gastos. Esto puede conducir a hábitos de gasto impulsivos y despilfarro financiero.

Cree un presupuesto mensual : un presupuesto es una herramienta indispensable para controlar los gastos y garantizar que el dinero se utilice de manera eficiente y de acuerdo con sus objetivos.

Utiliza aplicaciones de control financiero : Hoy en día existen diversas herramientas y aplicaciones que facilitan el control del gasto, ayudando a categorizar los gastos e identificar patrones de consumo que se pueden mejorar.

Revisa tus gastos habituales : A menudo, las suscripciones y servicios automáticos pueden estar consumiendo más de lo necesario. Hacer una revisión periódica ayuda a recortar gastos innecesarios y aumentar el ahorro.

La importancia de tener un fondo de emergencia

Tener un **fondo de emergencia** es esencial para **la seguridad financiera** a largo plazo. Este fondo sirve como red de seguridad, permitiéndole hacer frente a imprevistos sin tener que recurrir al crédito ni interrumpir sus inversiones.

Para crear un fondo de emergencia eficaz:

Establece un monto objetivo : normalmente, se recomienda que tu fondo de emergencia cubra entre tres y seis meses de gastos esenciales.

Ahorro automático : Al igual que ahorras para inversiones, automatiza parte de tus ingresos para tu fondo de emergencia.

Liquidez : asegúrese de que su fondo de emergencia sea accesible pero separado de sus cuentas principales para evitar la tentación de usarlo impulsivamente.

Combinar una **mentalidad financiera positiva** con **hábitos financieros saludables** es la fórmula que le llevará a la independencia financiera. Muchos buscan una fórmula mágica o una solución rápida, pero lo cierto es que **el éxito financiero** se construye con el tiempo, a través de decisiones consistentes y bien fundadas.

Al cultivar una mentalidad de crecimiento y adoptar hábitos financieros que aumenten el valor de su dinero con el tiempo, estará construyendo una base sólida para una vida de libertad financiera y prosperidad.

Capítulo 3: Cómo administrar su dinero de manera eficaz

..Presupuesto inteligente: cómo planificar y controlar tus gastos

Gestionar el dinero de forma eficaz es uno de los pilares fundamentales de la independencia financiera. Mucha gente cree que el éxito financiero depende sólo de ganar grandes sumas de dinero, pero lo cierto es que **saber gestionar** lo que ya se gana es aún más importante. Sin un **plan financiero sólido**, es difícil acumular riqueza y garantizar la estabilidad financiera, independientemente del nivel de ingresos.

El secreto para administrar tu dinero de manera efectiva radica en crear un **presupuesto inteligente**, que no solo te permita controlar tus gastos, sino que también oriente tus recursos hacia tus **objetivos financieros más importantes**.

...Comprenda sus ingresos y gastos

El primer paso para crear un presupuesto eficaz es comprender sus ingresos y gastos. Debes saber exactamente cuánto ganas, ya sea a través de un salario fijo o de ingresos variables, como bonificaciones o trabajo autónomo. Luego, debes categorizar tus gastos mensuales, dividiéndolos entre gastos esenciales (vivienda, comida, transporte, etc.) y gastos no esenciales (ocio, compras impulsivas, etc.).

Fuentes de ingresos : haga una lista de todas sus fuentes habituales de ingresos, incluido todo. Asegúrese de utilizar cantidades netas (después de impuestos y otras deducciones).

Gastos mensuales : registre todos sus gastos mensuales. No olvides incluir gastos no recurrentes, como el seguro anual o el mantenimiento del coche.

Al identificar claramente sus fuentes de ingresos y gastos, obtendrá una imagen realista de sus finanzas. Si sus gastos son mayores que sus ingresos, es esencial ajustar su presupuesto para asegurarse de vivir dentro de sus posibilidades.

La regla 50/30/20: una fórmula presupuestaria práctica

Una de las fórmulas más prácticas para la gestión presupuestaria es la regla 50/30/20. Esta regla sugiere que divida sus ingresos en tres categorías principales:

50% para necesidades esenciales: Esta categoría incluye gastos que no puedes evitar, como vivienda, alimentación, servicios públicos y transporte.

30% para necesidades y ocio: esta parte del presupuesto se destina a gastos no esenciales como salir a cenar, viajes, entretenimiento y otras actividades de ocio.

20% para ahorro e inversión: La última parte debe dedicarse a ahorro e inversión. Esto puede incluir crear un fondo de emergencia, invertir para el futuro o pagar deudas, si corresponde.

Seguir esta fórmula ayuda a mantener sus gastos equilibrados y garantiza que esté ahorrando e invirtiendo una parte importante de sus ingresos y ayuda a garantizar que no gaste más de lo necesario.

Prioriza tus objetivos financieros

Un presupuesto inteligente no se trata sólo de controlar los gastos; Se trata de **priorizar** tus objetivos financieros. Si tu objetivo principal es **saldar tus deudas** , deberías destinar una mayor parte de tu presupuesto a ello. Si estás enfocado en **invertir para el futuro** , debes destinar una parte importante de tus ingresos a **inversiones a largo plazo** . Además de controlar tus gastos, es fundamental definir y priorizar tus objetivos financieros. Al establecer objetivos claros, resulta más fácil mantenerse concentrado y evitar gastos impulsivos que podrían descarrilar sus planes.

Algunos objetivos financieros comunes incluyen:
Saldar deudas de alto coste : Las deudas con altas tasas de interés, como las tarjetas de crédito, deben ser tu prioridad. Al eliminarlos, libera más capital para invertir y hacer crecer sus activos.

Crea un fondo de emergencia : antes de comenzar a invertir significativamente, es importante tener un fondo de emergencia que cubra de tres a seis meses de gastos esenciales.

Invierta para la jubilación u otros objetivos a largo plazo : contribuya periódicamente a cuentas de jubilación, como PPR (Planes de Ahorro para la Jubilación) u otras cuentas de inversión, para garantizar su seguridad financiera futura.

Un buen método para establecer objetivos es utilizar el sistema SMART (Específico, Medible, Alcanzable, Relevante, Delimitado en el tiempo). Este sistema garantiza que sus objetivos sean específicos, medibles, alcanzables, relevantes y tengan una fecha límite definida, lo que facilita el seguimiento y la revisión del progreso.

Herramientas y técnicas para un presupuesto más eficiente

Afortunadamente, administrar tus finanzas nunca ha sido tan fácil gracias a **las herramientas y técnicas digitales** que pueden ayudarte a mantener el rumbo:

Aplicaciones de gestión financiera : Existen varias aplicaciones que le permiten controlar sus gastos, administrar cuentas y realizar un seguimiento de su progreso hacia sus objetivos financieros. Herramientas como **Mint** , **YNAB (You Need A Budget)** y **PocketGuard** ayudan a simplificar el proceso de creación y seguimiento de un presupuesto.

Técnica del sobre : La técnica del sobre es un método tradicional de control de gastos, donde se divide el dinero en diferentes categorías (sobres) para cada tipo de gasto. Esta técnica se puede adaptar al mundo digital a través de aplicaciones que te permiten dividir tus ingresos entre diferentes categorías y realizar un seguimiento de los gastos de manera más eficiente.

Automatizar las finanzas: Automatizar sus finanzas es una excelente manera de asegurarse de estar siempre ahorrando e invirtiendo. Configure su cuenta bancaria para transferir automáticamente una parte de su salario a su cuenta de ahorro o inversión cada mes.

Automatiza también el pago de tus facturas para evitar retrasos u olvidos.

Seguimiento y ajuste periódicos

Un presupuesto no es estático; debe **revisarse y ajustarse periódicamente** para reflejar los cambios en sus circunstancias financieras. Los cambios en los ingresos, nuevas metas financieras o gastos inesperados pueden requerir ajustes en su plan original. Al revisar críticamente su presupuesto cada mes, se asegura de tener siempre el control de sus finanzas.

Compare el plan con la realidad : evalúe lo que planeaba gastar con lo que realmente gastó e identifique áreas donde puede hacer ajustes.

Reevalúe sus metas y prioridades : a medida que su vida cambia, sus metas también pueden cambiar. Ajuste su presupuesto para reflejar estas nuevas prioridades.

Al realizar estas revisiones periódicas, siempre tendrás el control de tu dinero, asegurando que tus recursos se estén utilizando de la manera más eficiente posible.

Gestionar eficazmente tu dinero no es sólo cuestión de hacer cálculos o recortar gastos. Se trata de tomar control de su vida financiera y asegurarse de utilizar sus recursos de una manera que maximice su libertad financiera. Al crear un presupuesto inteligente, utilizar las herramientas adecuadas y monitorear sus finanzas de manera continua, puede transformar su relación con el dinero.

Revise su presupuesto al menos una vez al mes para asegurarse de que está cumpliendo sus objetivos y, si es necesario, haga ajustes. Esta práctica habitual mantiene tus finanzas bajo control y te permite corregir cualquier desviación antes de que se convierta en un problema más grave.

..

Capítulo 4: El juego de la inversión

...Introducción a la inversión: por dónde empezar

Invertir es una de las formas más efectivas de generar riqueza y lograr independencia financiera. Sin embargo, para muchas personas, el mundo de **las inversiones** puede parecer intimidante o complejo, lo que las lleva a evitar esta práctica. La buena noticia es que empezar a invertir no tiene por qué ser complicado. Comprender los principios básicos y definir tus **objetivos financieros** es suficiente para iniciar tu viaje en el mundo de las inversiones.

En este capítulo, desmitificaremos el proceso de inversión explorando las diversas opciones disponibles, cómo comenzar y estrategias para minimizar el riesgo y maximizar sus retornos.

Define tus objetivos financieros

Antes de comenzar a invertir, es importante comprender **por qué** está invirtiendo. Sus objetivos financieros determinarán el tipo de inversiones que mejor se adapten a sus necesidades, así como también cómo se estructurará su cartera. Algunos ejemplos de objetivos financieros incluyen:

Jubilación : Si tu objetivo es conseguir una jubilación cómoda, entonces estarás pensando en términos de **largo plazo** . Esto significa que puede tolerar una mayor volatilidad en el corto plazo, siempre que las perspectivas de crecimiento a largo plazo sean sólidas.

Compra de propiedad : si está invirtiendo para comprar una casa en los próximos 5 a 10 años, debe equilibrar la seguridad y el crecimiento, optando por **inversiones de riesgo moderado** que proporcionen rendimientos constantes.

Ingresos pasivos : si su objetivo es generar una fuente de **ingresos pasivos** , entonces es posible que desee centrarse en activos que ofrezcan **dividendos** o **intereses regulares** , como acciones de empresas estables o valores de renta fija.

Establecer sus objetivos financieros le permite elegir las inversiones adecuadas según el tiempo que tenga hasta que necesite ese dinero y su **tolerancia al riesgo** .

Conoce tu perfil inversor

Su **perfil de inversor** se refiere a su tolerancia al riesgo y a cómo aborda la volatilidad del mercado. Existen tres perfiles principales de inversores:

Conservador : Prefiere la seguridad y no le gusta correr riesgos. Los inversores conservadores tienden a preferir **inversiones de renta fija** , como **bonos gubernamentales** o **CDB** , que ofrecen rendimientos estables y bajos riesgos.

Moderado : está dispuesto a asumir algunos riesgos a cambio de mayores rendimientos. Los inversores moderados combinan renta fija con una parte de su cartera en **renta variable** , como acciones o fondos inmobiliarios, equilibrando seguridad y crecimiento.

Agresivo : Cómodo con altos niveles de riesgo y volatilidad en el mercado, el inversor agresivo busca **maximizar los rendimientos** . Tu cartera estará compuesta principalmente por **acciones** y **activos de riesgo** , como criptomonedas o startups.

Conocer tu perfil es crucial para confeccionar una cartera de inversiones adecuada, ajustada a tus expectativas y a tu capacidad para afrontar las fluctuaciones del mercado.

Diversificación: la clave para minimizar el riesgo

Una de las reglas más importantes de la inversión es **la diversificación** . Diversificar significa distribuir su dinero entre diferentes tipos de activos para **minimizar el riesgo** . La lógica es simple: si un activo no está funcionando bien, otro puede estar tomando el relevo, equilibrando los resultados generales de su cartera.

Hay varias formas de aplicar la diversificación:

Diversificación entre clases de activos : Divida su cartera entre **acciones** , **valores de renta fija** , **bienes raíces** y **fondos inmobiliarios** . Por lo tanto, está distribuyendo el riesgo en varios frentes.

Diversificación dentro de una clase de activo : Incluso dentro del mercado de valores, por ejemplo, puedes diversificar invirtiendo en diferentes sectores, como **tecnología** , **energía** y **salud** , o en empresas de diferentes países.

Diversificación geográfica : invertir en diferentes mercados y países también ayuda a minimizar los riesgos específicos de una economía o región.

La diversificación no elimina por completo el riesgo, pero **reduce la volatilidad** y mejora las posibilidades de lograr rendimientos constantes a largo plazo.

Empezar a invertir: los primeros pasos

Empezar a invertir puede ser sencillo si sigues algunos principios fundamentales:
Empieza poco a poco : No necesitas grandes cantidades de dinero para empezar. Con el crecimiento de **las fintech** y la **democratización del acceso a los mercados financieros** , es posible empezar a invertir con cantidades muy bajas.

Concéntrese en el largo plazo : trate de evitar la tentación de "ganar dinero rápido" con inversiones arriesgadas a corto plazo. Las inversiones exitosas se realizan con una **visión de largo plazo** , aprovechando el crecimiento gradual y el poder del interés compuesto.

Infórmese continuamente : cuanto más sepa sobre los mercados financieros, mejores serán sus decisiones. Continúe aprendiendo sobre **acciones** , **fondos indexados** , **valores de renta fija** y otros tipos de inversiones para ampliar sus oportunidades.

...Estrategias de inversión de bajo riesgo y alto rendimiento

Aunque invertir siempre implica cierto nivel de riesgo, existen formas de minimizar la exposición al riesgo manteniendo al mismo tiempo la oportunidad de obtener buenos rendimientos. A continuación se presentan algunas **estrategias** para quienes buscan construir una cartera sólida con **bajo riesgo** y **potencial de crecimiento** .

Fondos indexados: simplicidad y diversificación

Los fondos indexados son una excelente manera de comenzar a invertir con bajo riesgo y obtener rendimientos consistentes. Un fondo indexado es básicamente un fondo que replica el desempeño de un **índice de mercado** , como el **S&P 500** de Estados Unidos o el **Ibovespa** de Brasil. Cuando inviertes en un fondo indexado, estás comprando pequeñas partes de todas las empresas que componen el índice, lo que ofrece una diversificación instantánea.

Los fondos indexados tienen varias ventajas:

Bajos costos : debido a que se administran pasivamente (es decir, no hay ningún administrador que elija acciones individuales), los fondos indexados tienden a tener **tarifas de administración mucho más bajas** que los fondos administrados activamente.

Diversificación automática : Al invertir en un fondo indexado, su cartera se diversifica automáticamente entre decenas o cientos de empresas.

Crecimiento consistente : aunque los mercados pueden ser volátiles en el corto plazo, los índices de mercado más amplios tienden a crecer consistentemente a lo largo de los años.

Valores de renta fija: seguridad y previsibilidad

Los valores de renta fija son una opción ideal para quienes buscan seguridad y previsibilidad. Cuando invierte en un valor de renta fija, como un **bono del gobierno** o un **CDB** , esencialmente está prestando dinero a una institución a cambio de un pago de interés fijo.

Ventajas de los valores de renta fija:

Bajo riesgo : los bonos gubernamentales en particular se consideran una de las inversiones más seguras disponibles, ya que la probabilidad de que el gobierno incumpla es muy baja.

Rentabilidad predecible : El interés de los títulos de renta fija se conoce en el momento de la compra, lo que ofrece una previsibilidad que muchas otras inversiones no ofrecen.

Liquidez : aunque algunos bonos tienen fechas de vencimiento, muchos pueden venderse en el mercado secundario antes de alcanzar el vencimiento, lo que ofrece flexibilidad al inversor.

Fondos inmobiliarios: ingresos pasivos con bajo riesgo

Los fondos inmobiliarios (REIT) son una forma asequible de invertir en bienes raíces sin la necesidad de comprar y administrar propiedades directamente. Cuando invierte en un FII, está comprando **acciones** de un fondo que posee u opera propiedades comerciales, como centros comerciales, edificios de oficinas o almacenes logísticos. Estos fondos pagan ingresos regulares a los accionistas, en función de los ingresos que generan las propiedades.

Beneficios de los fondos inmobiliarios:

Ingresos pasivos regulares : la mayoría de los REIT distribuyen **dividendos mensuales** a los inversores, proporcionando una fuente estable de ingresos pasivos.

Menor volatilidad : aunque se clasifican como **renta variable** , los FII tienden a tener menos volatilidad que las acciones tradicionales, ya que el valor de los inmuebles es generalmente más estable.

Diversificación en el sector inmobiliario : Al invertir en REIT, puede tener exposición a una variedad de sectores inmobiliarios y diferentes regiones geográficas, aumentando su diversificación.

El "juego de la inversión" es una forma poderosa de **generar riqueza** y lograr la independencia financiera. Sin embargo, como cualquier juego, requiere **estrategia** , **paciencia** y un enfoque constante. Al centrarse en inversiones **de bajo riesgo** , como **fondos indexados** , **valores de renta fija** y **fondos inmobiliarios** , está preparando el escenario para el crecimiento sostenible de su patrimonio, al tiempo que minimiza el riesgo de pérdidas significativas.

Capítulo 5: Generar riqueza a través de activos

...¿Qué son los activos y cómo elegirlos sabiamente?

Construir riqueza de forma sólida y sostenible pasa por entender qué son **los activos** y cómo elegirlos de forma inteligente. En un contexto financiero, un activo es cualquier cosa que posea y que tenga el potencial de **generar ingresos** o **aumentar su valor** con el tiempo. Acumular activos es la forma de salir de la "carrera de ratas" —es decir, la lucha continua por pagar las facturas— y construir una base sólida de **independencia financiera** .

¿Qué son los activos?

Un activo es cualquier cosa que pone dinero en su bolsillo o que tiene el potencial de aumentar su valor con el tiempo. Los ejemplos más comunes de activos incluyen:

Acciones : Cuando compras acciones de una empresa, estás adquiriendo una parte de esa empresa, lo que te da derecho a **dividendos** (parte de las ganancias de la empresa) y apreciación en el valor de las acciones.

Bienes raíces : las propiedades que se pueden alquilar generan **ingresos pasivos constantes** , además del potencial de que la propiedad aumente su valor con el tiempo.

Valores de renta fija : las inversiones en valores, como **bonos** o **CDB** , ofrecen **intereses** sobre el monto prestado.

Negocio propio : Si eres dueño de un negocio, este puede generar **ganancias constantes** , lo que actúa como un activo valioso.

Criptomonedas : aunque son volátiles, algunos consideran que las criptomonedas son activos cuyo valor puede apreciarse significativamente con el tiempo.

¿Cómo elegir los activos adecuados?

La elección de los activos adecuados depende de una serie de factores, incluida su **tolerancia al riesgo** , su **horizonte de inversión** y sus **objetivos financieros** .

Riesgo vs. Rentabilidad : Cuanto más riesgoso sea el activo, mayor será la rentabilidad potencial, pero también mayor la probabilidad de pérdidas. Por ejemplo, las acciones ofrecen un mayor potencial de crecimiento, pero también son más volátiles. Por otro lado, los títulos de renta fija ofrecen menos rentabilidad, pero son más seguros.

Horizonte de inversión : el plazo de su inversión también debería influir en su elección de activos. Si invierte a largo plazo (10 años o más), puede permitirse una mayor **volatilidad** y elegir activos más riesgosos como las acciones. Sin embargo, si necesita el dinero dentro de unos años, los activos más conservadores, como los títulos de renta fija, son más adecuados.

Diversificación : Nunca pongas todo tu dinero en un solo tipo de activo. Una cartera diversificada ayuda a reducir el riesgo al garantizar que si un activo no tiene un buen rendimiento, otros puedan compensar esa pérdida.

...La importancia de la diversificación y cómo aplicarla en la vida cotidiana

Diversificar sus inversiones es una de las estrategias más efectivas para **minimizar el riesgo** y **maximizar la rentabilidad** . La diversificación lo protege contra la volatilidad del mercado al distribuir el riesgo entre diferentes tipos de activos, sectores y regiones.

Diversificar entre clases de activos

La forma más básica de diversificación es garantizar que su cartera contenga diferentes **clases de activos** , como acciones, valores de renta fija, bienes raíces e incluso criptomonedas. Esto garantiza que no esté demasiado expuesto a un solo tipo de mercado.

Diversificar dentro de cada clase de activo

Dentro de cada clase de activos, también es importante diversificar. En el mercado de valores, por ejemplo, puedes diversificar comprando acciones en diferentes sectores (tecnología, salud, energía) y en diferentes regiones (mercados desarrollados y mercados emergentes). Esto ayuda a garantizar que si un sector cae, su cartera no se verá afectada drásticamente.

Reorganización periódica

A medida que los activos de su cartera aumentan o disminuyen de valor, es importante realizar una **reestructuración periódica** para garantizar que su asignación de activos se mantenga alineada con sus objetivos financieros. Si sus acciones suben mucho, por ejemplo, es posible que desee vender algunas y reinvertir en valores de renta fija para mantener un equilibrio entre **crecimiento** y **seguridad**.

La verdadera creación de riqueza va más allá de simplemente ganar dinero. Implica **acumular activos** que generan valor a lo largo del tiempo y diversificar esos activos para **minimizar el riesgo**. Al elegir sabiamente sus activos y diversificarlos estratégicamente, estará construyendo una base sólida para lograr la independencia financiera y proteger sus activos contra las incertidumbres del mercado.

..Capítulo 6: El arte de la gestión de riesgos

...Cómo lidiar con la volatilidad y la incertidumbre en el mercado financiero

Invertir y generar riqueza no es sólo una cuestión de buscar rentabilidad, sino también de **gestionar riesgos** . El mercado financiero es naturalmente volátil y los riesgos son inevitables. Sin embargo, el secreto del éxito financiero es aprender a identificar, calcular y gestionar estos riesgos de forma eficaz. Si bien algunos riesgos pueden reducirse o evitarse, otros son parte del proceso de crecimiento y no deben temerse.

En este capítulo, exploraremos cómo navegar **la volatilidad del mercado** y las mejores prácticas para proteger sus activos mientras buscamos maximizar sus ganancias.

Aceptar el riesgo como parte del proceso.

El primer paso para gestionar eficazmente el riesgo es aceptar que el riesgo es parte de cualquier estrategia financiera. No es posible eliminar completamente el riesgo; lo importante es saber **cómo mitigarlo** y **gestionarlo**.

Cada clase de activo presenta diferentes niveles de riesgo:

Acciones : Alta volatilidad pero potencial de grandes retornos a largo plazo.

Renta fija : Menor volatilidad, pero vulnerable a la inflación y cambios en las tasas de interés.

Bienes Raíces : Menos volátil, pero con riesgos de mercado y de liquidez (puede resultar difícil vender una propiedad rápidamente).

Criptomonedas : Extremadamente volátiles, con un gran potencial de ganancias, pero también de pérdidas importantes.

Al aceptar que el riesgo es parte del proceso, puede tomar decisiones más racionales e informadas, en lugar de reaccionar emocionalmente a las fluctuaciones del mercado.

Evite decisiones emocionales

Uno de los mayores peligros en la gestión de riesgos es tomar decisiones basadas en **emociones**. El miedo y **la codicia son los dos principales**

culpables que a menudo llevan a los inversores a cometer errores. Vender acciones en estado de pánico durante una caída del mercado o invertir grandes cantidades en un activo riesgoso por codicia son errores comunes que pueden evitarse. Las prácticas para evitar decisiones emocionales incluyen:

Siga un plan financiero : tener un plan de inversión claro y bien definido le ayuda a mantenerse concentrado en momentos de volatilidad.

Evite seguir al rebaño : los inversores suelen seguir a las masas, comprando cuando todos compran y vendiendo cuando todos venden. Este comportamiento puede perjudicar los resultados a largo plazo.

Mantenga una visión de largo plazo : recuerde que la volatilidad es parte de los mercados financieros y que, en el largo plazo, las fluctuaciones tienden a suavizarse.

Diversificar para reducir el riesgo

La diversificación, como se analizó en capítulos anteriores, sigue siendo una de las mejores estrategias para gestionar el riesgo. Al invertir en diferentes tipos de activos, reduce su exposición a la volatilidad en cualquier sector o mercado específico.

La diversificación no sólo minimiza el riesgo, sino que también aumenta las posibilidades de obtener rendimientos constantes a lo largo del tiempo.

...Técnicas para reducir riesgos y aumentar la seguridad financiera

Aunque no es posible eliminar el riesgo, existen varias técnicas para **reducir su exposición al riesgo** y **proteger sus activos** mientras continúa invirtiendo.

Asignación adecuada de activos

La asignación de activos se refiere a cómo distribuye su dinero entre diferentes clases de activos, como acciones, bonos, bienes raíces y otros. La asignación correcta depende de su perfil de riesgo, objetivos financieros y horizonte de inversión. Normalmente, cuanto más cerca esté de la jubilación, más conservadora debería ser su asignación.

Mantener un fondo de emergencia

Una **reserva de emergencia** es esencial para la seguridad financiera. Tener efectivo disponible para cubrir gastos inesperados lo protege de tener que vender activos durante una caída del mercado o incurrir en deudas.

Reorganice periódicamente su cartera

La reorganización periódica de su cartera de inversiones garantiza que su asignación de activos se mantenga en línea con su perfil de riesgo. Si las acciones aumentan mucho su valor, es posible que desee vender algunas de ellas para reinvertir en valores de renta fija u otros activos más seguros, asegurándose de no estar expuesto a más riesgos del que le gustaría.

Gestionar el riesgo de forma eficaz es tan importante como buscar buenos rendimientos. Si aprende a aceptar el riesgo como parte del proceso y aplica técnicas de diversificación, reorganización y asignación de activos, podrá proteger sus activos contra la incertidumbre del mercado y maximizar su crecimiento a largo plazo.

Capítulo 7: Finanzas conductuales

...Cómo las emociones afectan tus decisiones financieras

Las emociones juegan un papel central en casi todas las decisiones que tomamos, y esto es particularmente cierto en el mundo financiero. El comportamiento humano, a menudo guiado por **el miedo** , **la codicia** y **la presión social** , puede llevar a decisiones financieras que no alcanzan su máximo potencial. Aunque el conocimiento técnico es fundamental para el éxito financiero, **la gestión emocional** es igualmente crucial.

En este capítulo, exploraremos cómo las emociones influyen en nuestras decisiones financieras y cómo podemos desarrollar estrategias para **controlar los impulsos** y tomar **decisiones más racionales** .

Miedo y pánico en tiempos de crisis

El miedo es una de las **emociones más poderosas** en el mundo financiero. Durante las crisis o desplomes del mercado, el miedo puede llevar a los inversores a **vender** activos apresuradamente en lugar de mantener una visión a largo plazo. Este comportamiento a menudo resulta en pérdidas innecesarias y en la incapacidad de aprovechar una eventual recuperación del mercado.

Ejemplo clásico:

Durante la crisis financiera de 2008, muchos inversores vendieron sus acciones presa del pánico, sólo para ver cómo el mercado se recuperaba en los años siguientes.

Las prácticas para evitar decisiones impulsivas basadas en el miedo incluyen:

Cíñete a tu plan : si tienes un plan financiero a largo plazo, confíe en él en momentos de volatilidad. La historia muestra que los mercados tienden a recuperarse con el tiempo.

Evite monitorear obsesivamente el mercado : Monitorear obsesivamente las fluctuaciones diarias puede generar ansiedad y llevar a decisiones apresuradas. Manténgase informado, pero no exagere.

La codicia y la búsqueda de ganancias rápidas

En el extremo opuesto del miedo está **la codicia**, que puede llevar a inversiones impulsivas en busca de **ganancias rápidas**. Cuando el mercado está al alza o surge una nueva "moda" financiera, muchos inversores entran por miedo a perder la oportunidad, sin considerar los riesgos.

Ejemplos:

Invertir en criptomonedas o acciones altamente especulativas sólo porque todo el mundo habla de ellas puede generar enormes pérdidas cuando estalla la "burbuja".

Las estrategias para evitar decisiones impulsivas impulsadas por la codicia incluyen:

Mantenga la diversificación : incluso si una clase de activo tiene un rendimiento excepcional, evite invertir todos sus recursos en ella. La diversificación ayuda a proteger contra burbujas y correcciones bruscas.

Establece límites claros : establece límites sobre la cantidad que estás dispuesto a perder en una inversión especulativa y respeta esos límites.

El efecto rebaño: seguir al grupo sin reflexionar

El **efecto rebaño** es un fenómeno común en el que los inversores siguen las decisiones de otras personas, incluso si van en contra de sus propios análisis o intereses. Cuando mucha gente invierte en un activo en particular, puede resultar difícil resistir la presión de "entrar".

Ejemplos:

La burbuja de Internet de finales de los 90, cuando los inversores compraron acciones de empresas tecnológicas sin considerar los fundamentos de estas empresas.

Cómo evitar el efecto rebaño:

Confíe en su propio análisis : genere confianza en su capacidad para analizar y tomar decisiones basadas en datos concretos en lugar de seguir a la multitud.

Haga preguntas críticas : antes de invertir, pregúntese: "¿Tiene esto sentido para mí y mis objetivos financieros?" "¿Estoy invirtiendo porque creo en el valor del activo o simplemente porque todo el mundo está comprando?"

...Controlar los impulsos y tomar decisiones racionales.

Ahora que entendemos cómo las emociones afectan nuestras decisiones financieras, es importante desarrollar estrategias para **controlar estos impulsos** y garantizar que nuestras decisiones estén guiadas por **la razón**.

Cree un plan financiero sólido y cúmplalo

Un **plan financiero bien definido** es una de las mejores formas de evitar que las emociones interfieran en tus decisiones. Este plan debe incluir sus objetivos a corto y largo plazo, una estrategia de inversión clara y una comprensión de su perfil de riesgo.

Automatiza tus finanzas

Automatizar sus decisiones financieras puede protegerlo de sus propios impulsos. Al configurar transferencias automáticas a cuentas de ahorro o inversión, elimina la necesidad de tomar decisiones recurrentes, reduciendo las posibilidades de tomar decisiones impulsivas.

Practica la regla de las 24 horas

Antes de tomar una decisión financiera importante, especialmente si se trata de grandes compras o inversiones arriesgadas, practica la **regla de las 24 horas** : tómate un día para reflexionar antes de actuar. Este tiempo extra le permite evaluar la situación con mayor claridad y tomar una decisión más meditada.

Aunque **las emociones** son parte de todas nuestras decisiones financieras, no necesitamos dejar que controlen nuestros resultados. Al desarrollar estrategias para **controlar los impulsos** y garantizar que nuestras elecciones estén guiadas por **la racionalidad** , podemos evitar muchos de los errores de comportamiento que conducen a malas decisiones financieras.

..

Capítulo 8: Planificación para el futuro: jubilación y herencia

...Cómo prepararse para su jubilación y asegurar un futuro financiero estable

Planificar su **jubilación** es una de las decisiones financieras más importantes que puede tomar. Se trata de garantizar que cuando dejes de trabajar, tendrás lo suficiente para mantener tu estilo de vida sin preocupaciones económicas. Sin embargo, la planificación para el futuro va más allá de la jubilación: muchos también quieren dejar un **legado financiero** a las generaciones futuras.

En este capítulo, exploraremos cómo prepararse eficazmente para la jubilación y los pasos necesarios para crear una **herencia financiera** duradera .

Defina su estilo de vida de jubilación

El primer paso para planificar tu jubilación es definir el estilo de vida que quieres mantener cuando dejes de trabajar. Pregúntate:

¿Dónde quieres vivir? ¿Te quedarás en la misma ciudad o te mudarás a una zona más barata o tranquila?

¿Qué actividades piensas realizar? Aficiones, viajes, reuniones familiares: todo esto influye en los costes de su jubilación.

Al definir claramente el estilo de vida que desea, podrá estimar cuánto necesitará ahorrar para mantener ese estándar durante su jubilación.

-Estimar la cantidad necesaria para la renovación.

Una regla general común en la planificación de la jubilación es la **regla del 4%** , que sugiere que puede retirar el 4% de sus activos cada año para cubrir sus gastos sin agotar sus recursos. Por ejemplo, si necesitas 30.000€ al año para vivir, deberías acumular activos de al menos 750.000€ para asegurar una jubilación sin problemas.

Diversifique su fuente de ingresos en la jubilación

Depender de una única fuente de ingresos durante la jubilación puede resultar arriesgado. En su lugar, diversifique sus fuentes **de ingresos pasivas** :

Ingresos por inversiones : una cartera diversificada de acciones y bonos puede generar **dividendos** e **intereses regulares** .
Alquiler de propiedades : si posee propiedades, los ingresos por alquiler pueden ser una fuente estable de ingresos pasivos.
Negocio propio o regalías : Si eres dueño de un negocio o tienes propiedad intelectual, puedes seguir generando ingresos pasivos durante la jubilación.

...Pasos para crear una herencia financiera

Además de garantizar su propia seguridad financiera, muchos quieren dejar una **herencia** para las generaciones futuras. Para dejar un legado duradero, es importante planificar adecuadamente la **transición de activos** y preparar a sus descendientes para gestionarlos de manera responsable.

Planificación patrimonial y testamento.

Un **testamento bien redactado** es fundamental para garantizar que sus bienes se distribuirán según sus deseos, evitando disputas familiares. Considere también otras estrategias **de planificación patrimonial**, como la creación de un **holding familiar** o **fideicomisos**, que pueden facilitar la transferencia de activos y reducir la carga fiscal sobre el patrimonio.

Educación financiera para la próxima generación

Dejar una herencia no es sólo dejar dinero, sino también **transmitir conocimientos financieros**. Educar a sus hijos y nietos sobre cómo administrar e invertir el dinero de manera responsable es esencial para garantizar que los activos que deje se utilicen de manera inteligente.

...Asegurar el futuro y dejar un legado

Planificar el futuro implica algo más que simplemente acumular riqueza. Se trata de garantizar que, cuando llegue el momento de jubilarte, tendrás la **seguridad económica** para vivir cómodamente y, si así lo deseas, dejar un **legado económico** a las generaciones siguientes. Al adoptar un enfoque proactivo y planificado, garantizará un futuro más estable y próspero para usted y su familia.

Capítulo 9: Innovaciones y el futuro de las finanzas

...Cómo la tecnología está cambiando el mundo financiero

El mundo financiero está en constante evolución y en las últimas décadas esta transformación ha sido impulsada por **innovaciones tecnológicas** que están revolucionando la forma en que manejamos el dinero y las inversiones. Desde **fintechs** hasta **criptomonedas**, estas nuevas tecnologías están creando un entorno financiero más accesible, eficiente y dinámico.

Fintechs: La democratización de los servicios financieros

Las fintechs (startups de tecnología financiera) están revolucionando la forma en que realizamos **pagos**, **administramos el dinero** e **invertimos**. Estas empresas innovadoras han creado plataformas que simplifican el acceso a los servicios bancarios, reduciendo las barreras de entrada y permitiendo que más personas **administren sus finanzas** de manera eficiente.

Criptomonedas y blockchain: el futuro del dinero digital

Las criptomonedas , como **Bitcoin** y **Ethereum** , están surgiendo como una nueva forma de dinero digital, basada en la tecnología **blockchain** . Estas monedas descentralizadas ofrecen una forma de realizar **transacciones financieras** sin intermediarios, lo que reduce los costos y aumenta la seguridad. Sin embargo, también presentan riesgos de **alta volatilidad** .

Inteligencia artificial y big data: decisiones financieras más inteligentes

La inteligencia artificial y el big **data** están cambiando la forma en que tomamos decisiones financieras. Con la capacidad de analizar grandes volúmenes de datos en tiempo real, estas tecnologías permiten a inversores y empresas identificar patrones, **predecir tendencias** y **minimizar riesgos** .

...Qué esperar de su futuro financiero y cómo prepararse

El futuro de las finanzas será cada vez más **digital y global**. Para prepararse para este nuevo entorno financiero, es importante **informarse** sobre las nuevas tecnologías, **diversificar** sus inversiones y **mantenerse actualizado** sobre las últimas innovaciones.

Las innovaciones tecnológicas están dando forma rápidamente al futuro de las finanzas, creando un entorno donde **la eficiencia** y **la accesibilidad** son pilares centrales. Al comprender estos cambios y prepararse en consecuencia, se posicionará para **aprovechar nuevas oportunidades** y **proteger sus activos** en un mundo financiero en rápida evolución.

..Capítulo 10: El ciclo de la libertad financiera

...Cómo consolidar todos los conceptos en una estrategia a largo plazo

Para lograr y mantener **la libertad financiera**, es crucial integrar todos los conceptos discutidos hasta ahora en una **estrategia a largo plazo** que se adapte a sus necesidades y circunstancias. La clave del éxito financiero es seguir un ciclo continuo de **buenas prácticas**, que incluyen **educación financiera**, **gestión de riesgos**, **inversiones** y **gestión emocional**.

Educación financiera continua

El primer paso para consolidar tu estrategia a largo plazo es seguir **educándote financieramente**. El mundo de las finanzas cambia constantemente y mantenerse actualizado sobre las últimas tendencias e innovaciones financieras le permitirá tomar **decisiones**

informadas y adaptarse rápidamente a las nuevas realidades.

Gestionar el riesgo y diversificar las inversiones

Al aplicar los principios de **gestión de riesgos** y **diversificación** , puede proteger sus activos contra las fluctuaciones del mercado y garantizar un crecimiento **constante** a largo plazo. Su asignación de activos debe ajustarse a medida que sus objetivos financieros y su perfil de riesgo cambien con el tiempo.

Controlar las emociones y mantener una mentalidad a largo plazo.

La gestión emocional es fundamental para el éxito financiero. Al desarrollar una **mentalidad a largo plazo** y resistir la tentación de tomar decisiones impulsivas basadas en fluctuaciones a corto plazo, garantizará la **sostenibilidad** de su estrategia financiera.

La libertad financiera es un ciclo continuo de educación, acción y ajuste. Al aplicar consistentemente buenas prácticas financieras y mantener un enfoque equilibrado y disciplinado, puede lograr y mantener la independencia financiera durante toda su vida.

Capítulo 11: Cómo aumentar sus ingresos pasivos

..¿Qué son los ingresos pasivos y cómo funcionan?

Los ingresos pasivos son ingresos obtenidos sin necesidad de realizar un trabajo continuo y activo. A diferencia de los ingresos generados por un trabajo o negocio tradicional, que requiere su tiempo y esfuerzo directamente, los ingresos pasivos fluyen con una intervención mínima o nula después de la inversión inicial. Este concepto es fundamental para la libertad financiera, ya que permite que el dinero trabaje para ti, generándote ingresos mientras te dedicas a otras actividades o incluso durante tu jubilación.

El camino hacia la creación de fuentes de ingresos pasivas requiere un esfuerzo inicial significativo —ya sea en tiempo, dinero o ambos—, pero el objetivo es que estas inversiones sigan generando retornos sin necesidad de trabajo continuo. Las fuentes de ingresos pasivos son variadas y algunas de las más populares incluyen propiedades en alquiler, acciones que pagan dividendos, inversiones en fondos inmobiliarios y productos digitales como libros, cursos o música.

..**Construyendo fuentes de ingresos pasivas**

Crear fuentes de ingresos pasivos puede parecer un desafío, pero con las estrategias adecuadas, es accesible para muchas personas. A continuación, se muestran algunas formas comunes de generar ingresos pasivos y cómo puede integrarlas en su estrategia financiera.

...**Propiedades en alquiler**

Invertir en propiedades y ponerlas en el mercado de alquiler es una de las formas más tradicionales de generar ingresos pasivos. Aunque la inversión inicial es importante (ya sea para comprar una propiedad o financiar su renovación), los ingresos por alquiler pueden generar un flujo constante de dinero a lo largo de los años.

La clave del éxito en esta área es elegir las propiedades adecuadas, ubicadas en zonas con alta demanda de alquiler y con potencial de apreciación a largo plazo. Además, hay que considerar los costes de mantenimiento y gestión, que pueden gestionarse personalmente o a través de una empresa especializada.

...Acciones que pagan dividendos

Otra forma de generar ingresos pasivos es a través de acciones que pagan dividendos. Al comprar acciones de empresas que distribuyen regularmente ganancias a sus accionistas, puede generar un flujo de ingresos pasivo. Los dividendos se pagan periódicamente (normalmente trimestralmente) y, si se reinvierten, pueden hacer crecer aún más su cartera con el tiempo gracias al efecto compuesto. La ventaja de los dividendos es que, a diferencia del sector inmobiliario, no se requiere un esfuerzo activo para gestionar este tipo de inversión. Sin embargo, es fundamental elegir empresas financieramente sólidas con un historial constante de pago de dividendos para minimizar el riesgo.

...Productos digitales

Con la llegada de Internet, la creación de productos digitales se ha convertido en una de las formas más accesibles y escalables de generar ingresos pasivos. Los ejemplos incluyen escribir un libro, crear un curso en línea o componer música. Una vez que el producto digital se crea y está disponible para su compra o uso, puede generar ingresos sin necesidad de trabajo continuo.

La gran ventaja de los productos digitales es su escalabilidad: no hay límites en cuanto a cuántas veces se puede vender un libro electrónico o cuántas personas pueden inscribirse en un curso en línea. El desafío consiste en crear un producto de alta calidad que tenga demanda en el mercado y promocionarlo de manera efectiva para asegurar su visibilidad.

Invertir en fondos inmobiliarios

Los fondos inmobiliarios son otra opción para quienes quieren invertir en bienes raíces sin las responsabilidades de ser propietario directo. Estos fondos reúnen el capital de varios inversores para comprar y gestionar grandes inmuebles, como centros comerciales, oficinas o bloques de apartamentos. Los inversores reciben una parte de los ingresos generados por los alquileres y la valorización de la propiedad, sin tener que lidiar con la gestión práctica de la propiedad.

Este tipo de inversión proporciona ingresos pasivos a través de distribuciones periódicas de ganancias y es una opción ideal para quienes desean diversificar su cartera inmobiliaria sin el compromiso de administrar una propiedad.

..**La importancia de diversificar tus fuentes de ingresos pasivos**

Al igual que con la gestión de inversiones, diversificar sus fuentes de ingresos pasivos es crucial para reducir el riesgo y garantizar una mayor estabilidad financiera. Al combinar diferentes tipos de fuentes de ingresos, como bienes raíces, acciones y productos digitales, puede protegerse contra la disminución de una única fuente de ingresos, garantizando una mayor seguridad a largo plazo.

Capítulo 12: Errores comunes en la gestión de finanzas personales

..Cómo evitar errores que podrían comprometer tu salud financiera

Administrar eficazmente las finanzas personales es esencial para lograr seguridad y libertad financiera, pero muchos cometen errores que pueden comprometer seriamente el progreso hacia sus objetivos. Reconocer y corregir estos errores a tiempo puede marcar la diferencia en su viaje financiero. A continuación se detallan algunos de los errores más comunes en el manejo de las finanzas personales y cómo evitarlos.

...Vivir más allá de tus posibilidades

Uno de los errores más frecuentes es gastar más de lo que se gana. Vivimos en una sociedad donde se fomenta el consumo y es fácil caer en la trampa de comprar bienes o servicios que están fuera de nuestras posibilidades financieras. El uso excesivo de crédito, como tarjetas de crédito y préstamos personales, puede aumentar el riesgo de endeudamiento, generando un círculo vicioso difícil de romper.

La solución a este error es adoptar un enfoque más consciente del consumo, estableciendo un presupuesto claro que limite tus gastos a una cantidad inferior a lo que ganas. De esta forma, tendrás espacio para ahorrar e invertir, en lugar de acumular deudas.

...Falta de ahorros de emergencia

Otro error común es no crear ahorros de emergencia. Muchos subestiman la importancia de contar con un fondo que cubra gastos imprevistos, como problemas de salud, reparaciones en el hogar o pérdida del empleo. Cuando surgen estos imprevistos, quienes no cuentan con un fondo de emergencia tienden a recurrir a préstamos de emergencia o vender inversiones, lo que puede comprometer su progreso financiero.

Lo ideal es tener ahorros de emergencia equivalentes a tres a seis meses de gastos mensuales. Este fondo debe mantenerse en un lugar seguro y accesible, como una cuenta de ahorros, para que esté disponible cuando sea necesario.

...Falta de planificación a largo plazo

Muchas personas se centran sólo en sus necesidades y deseos inmediatos, descuidando la planificación financiera a largo plazo. Esto puede resultar en ahorros de jubilación inadecuados o en la incapacidad de lograr grandes objetivos como comprar una casa o pagar la educación de sus hijos.

Es crucial tener un plan financiero a largo plazo, con objetivos específicos y realistas. Esto incluye comenzar a ahorrar para la jubilación lo antes posible, diversificar las inversiones y revisar su plan periódicamente para ajustarlo a medida que evoluciona la vida.

Falta de seguimiento de las finanzas.

Otro error común es no controlar tus finanzas con regularidad. Muchas personas elaboran un presupuesto pero luego no lo siguen de cerca, lo que provoca desviaciones financieras y una falta de control sobre dónde se gasta el dinero. Monitorear sus gastos e inversiones con regularidad es esencial para asegurarse de que va por el camino correcto y realizar ajustes cuando sea necesario.

Capítulo 13: La importancia de los seguros en la gestión financiera

..Cómo el seguro protege sus activos

El seguro es una de las herramientas más importantes en la gestión financiera, ya que protege su patrimonio y garantiza que imprevistos no comprometan su estabilidad financiera. Aunque a menudo se pasa por alto, el seguro puede marcar la diferencia entre capear una crisis financiera devastadora o mantenerlo a usted y a su familia seguros durante tiempos difíciles.

...Tipos de seguros esenciales

Existen varios tipos de seguros, y es importante elegir los que mejor se adapten a tus necesidades y situación financiera. Entre los más importantes se encuentran:

Seguro de salud: Cubrir los costos de la atención médica puede ser crucial para evitar un endeudamiento elevado si tienes problemas de salud. Un seguro médico adecuado garantiza que usted tenga acceso a los tratamientos necesarios sin comprometer sus ahorros.

Seguro de vida: Especialmente importante para quienes tienen dependientes, el seguro de vida garantiza que, en caso de fallecimiento del asegurado, sus seres queridos tendrán apoyo económico para continuar con su vida y gastos esenciales.

Seguro de Hogar: Protege tu hogar y las posesiones que contiene contra daños causados por incendio, inundación o robo. Una vivienda es una de las mayores inversiones financieras para la mayoría de las personas, por lo que es fundamental protegerla.

Seguro de automóvil: Obligatorio en muchos países, este seguro cubre los daños causados por accidentes de tráfico, protegiendo al conductor contra responsabilidades financieras inesperadas.

Elegir el seguro adecuado a tus necesidades

Elegir el seguro adecuado depende de su situación personal y financiera. Debe considerar los riesgos a los que está expuesto y evaluar el impacto financiero que estos riesgos podrían tener si no está cubierto. Las personas suelen optar por seguros más baratos para ahorrar dinero en el presente, pero acaban comprometiendo la protección en momentos críticos. Por tanto, es importante lograr un equilibrio entre el coste de la prima y el nivel de cobertura requerido.

Capítulo 14: El papel de los impuestos en la gestión financiera

..Cómo planificar financieramente considerando los impuestos

Los impuestos son una parte inevitable de la vida financiera y pueden tener un impacto significativo en sus ingresos, ahorros e inversiones. Planificar financieramente con una comprensión clara de los impuestos lo ayuda a minimizar su carga tributaria y maximizar sus ingresos netos, asegurando que aproveche al máximo sus inversiones.

...Comprender el impacto fiscal en los ingresos

Ya sea a través de su salario, ingresos por inversiones o ingresos pasivos, los impuestos reducen la cantidad de dinero disponible. Dependiendo de la estructura impositiva de su país, algunos tipos de ingresos pueden estar sujetos a impuestos más que otros. Por ejemplo, los ingresos procedentes del empleo pueden tener una carga fiscal mayor que los ingresos procedentes de dividendos o ganancias de capital. Para planificar de manera eficiente, es importante comprender cómo se grava cada fuente de ingresos y, si es posible, ajustar su estrategia para favorecer los ingresos con una menor carga tributaria.

...Aprovecha los beneficios fiscales

La mayoría de los sistemas tributarios ofrecen beneficios para ahorros e inversiones a largo plazo, como planes de jubilación o cuentas de ahorro con ventajas impositivas. Aprovechar al máximo estos incentivos fiscales puede aumentar sus ingresos netos y acelerar su progreso para alcanzar sus objetivos financieros.

Un ejemplo común es la deducción de impuestos sobre las contribuciones a cuentas de jubilación, donde el monto que invierta hoy puede deducirse de sus impuestos actuales, lo que le permitirá ahorrar más para el futuro.

Capítulo 15: Cómo mantenerse motivado en su viaje financiero

..Supera los obstáculos y mantente enfocado en tus objetivos.

El viaje hacia la libertad financiera es largo y está lleno de desafíos. Mantener la motivación a lo largo del camino es esencial para el éxito. Muchos se dan por vencidos o pierden el enfoque cuando enfrentan obstáculos financieros o momentos de desmotivación, pero existen estrategias efectivas para asegurarse de seguir avanzando, incluso cuando el progreso parece lento.

...Establecer objetivos realistas y mensurables

Uno de los secretos para mantenerse motivado es fijarse objetivos realistas y mensurables. Cuando tienes objetivos claros y alcanzables, resulta más fácil monitorear el progreso y celebrar las pequeñas victorias a lo largo del camino. Los objetivos deben ser SMART (específicos, mensurables, alcanzables, relevantes y con plazos determinados), ya que esto proporciona un sentido claro de dirección.

...Celebra pequeñas victorias

La libertad financiera es un viaje a largo plazo, pero eso no significa que sólo debas celebrar cuando alcanzas la meta final. Celebrar pequeños logros, como alcanzar una meta de ahorro o pagar una deuda, lo ayuda a mantenerse motivado y concentrado en la meta más grande. Estas celebraciones te dan una sensación de progreso continuo y mantienen la moral alta.

...Revisa tus razones

En momentos de falta de motivación, es útil revisar las razones por las que inició su viaje financiero. Ya sea que sus objetivos sean tener seguridad en su jubilación, garantizar una vida cómoda para su familia o lograr la independencia financiera, recordar estas razones puede ayudarle a mantenerse concentrado.

Capítulo 16: Cómo establecer y alcanzar objetivos financieros a largo plazo

..La importancia de tener una visión clara

Establecer objetivos financieros a largo plazo es un paso esencial para lograr la libertad financiera. Tener una visión clara de lo que quiere lograr le ayuda a mantenerse concentrado, evitar distracciones financieras y tomar decisiones más informadas. Ya sea que tu objetivo sea comprar una casa, ahorrar para la jubilación o lograr la independencia financiera, es importante que tus objetivos estén bien delineados y alineados con tus valores y estilo de vida.

...Cómo establecer objetivos financieros INTELIGENTES

Para garantizar que sus objetivos financieros sean alcanzables, es útil seguir el modelo SMART:
Detalles: Defina claramente lo que quiere lograr. Por ejemplo, "ahorrar para la jubilación" es

demasiado vago. En su lugar, establezca la cantidad exacta que desea acumular.

Medible: seguimiento del progreso. Marcarte objetivos que puedas controlar, como por ejemplo "ahorrar 200 euros al mes", te ayudará a evaluar si estás en el camino correcto.

Alcanzable: Las metas deben ser realistas, considerando su situación financiera actual. De nada sirve fijarse una meta de ahorro altísima si, con tus ingresos actuales, esto comprometería tus gastos esenciales.

Relevante: asegúrese de que el objetivo sea importante para usted y esté alineado con sus valores y necesidades. Esto mantendrá la motivación.

Con un plazo definido: Ponte plazos realistas para conseguir tus objetivos, como por ejemplo "ahorrar 50.000 euros para la entrada de una casa en los próximos cinco años".

...Divida los grandes objetivos en pasos más pequeños

Las metas financieras a largo plazo, como comprar una casa o renovarla, pueden parecer abrumadoras. Para facilitar el progreso y mantenerse motivado, resulta útil dividir los grandes objetivos en pasos más pequeños y manejables. Por ejemplo, si tu objetivo es ahorrar 100.000 euros para la jubilación, puedes marcarte objetivos intermedios, como ahorrar 10.000 euros el primer año y 20.000 euros el segundo.

Este enfoque mantiene alta la motivación, ya que puedes celebrar pequeñas victorias a medida que alcanzas objetivos parciales, creando un ciclo positivo que te acerca a tu objetivo final.

Capítulo 17: Cómo lidiar con la deuda de manera inteligente

..Tipos de deuda: buena versus mala Pero

No todas las deudas son iguales. Algunas deudas pueden ser beneficiosas cuando se usan correctamente, mientras que otras pueden dañar su salud financiera. Saber identificar la diferencia entre "deuda buena" y "deuda mala" es crucial para tomar decisiones financieras inteligentes.

Deuda buena: Se refiere a préstamos que se utilizan para adquirir activos que aumentan de valor o generan ingresos. Por ejemplo, un préstamo para comprar una casa, una inversión en educación o financiación para iniciar un negocio pueden considerarse buena deuda, ya que tiene el potencial de generar retornos futuros.

Deuda incobrable: Se refiere a préstamos contratados para consumo inmediato que no generan retorno financiero. Los ejemplos incluyen deudas de tarjetas de crédito para compras de bienes de consumo como ropa o productos electrónicos. Estas deudas tienden a tener altas tasas de interés y pueden convertirse rápidamente en una carga financiera.

..Cómo liquidar deudas de forma eficaz

Si tiene deudas, especialmente deudas con intereses altos, es esencial crear un plan para pagarlas de manera efectiva. Una estrategia popular es el método de la **"bola de nieve"**, que consiste en liquidar primero la deuda con el monto más bajo mientras se siguen realizando los pagos mínimos de las demás. A medida que elimina deudas más pequeñas, gana motivación para abordar las más grandes.

método de **la "avalancha"**, que prioriza pagar primero la deuda con el interés más alto, ya que a largo plazo este enfoque puede ahorrarle más dinero en intereses.

...Consolidar deudas

Si tiene varias deudas, consolidarlas en un solo préstamo con una tasa de interés más baja puede ser una forma eficiente de reducir los costos totales de intereses y simplificar sus pagos mensuales. Sin embargo, debe tener cuidado de no endeudarse más mientras liquida el préstamo consolidado.

..**Evite el ciclo de la deuda**

La mejor manera de lidiar con las deudas es evitarlas siempre que sea posible. Vivir dentro de sus posibilidades, crear y mantener un presupuesto sólido, es la mejor defensa contra el endeudamiento excesivo. Además, debes utilizar el crédito con prudencia, evitando utilizar tarjetas de crédito para gastos no esenciales o compras impulsivas.

Capítulo 18: El papel de la familia en la educación financiera

..La importancia de la educación financiera familiar

La educación financiera debe ser una prioridad en cualquier familia, ya que cuanto antes los miembros de la familia, especialmente los niños, aprendan a manejar el dinero, más preparados estarán para tomar decisiones financieras informadas en el futuro. El papel de la familia a la hora de transmitir valores y hábitos financieros saludables es fundamental, ya que muchas actitudes hacia el dinero se forman en la infancia.

...Enseñar a los niños la importancia del dinero.

Una de las mejores maneras de lograr que tus hijos desarrollen una relación sana con el dinero es enseñarles desde pequeños sobre el valor del trabajo, el ahorro y la responsabilidad financiera. Puedes empezar con conceptos simples, como la diferencia entre "querer" y "necesitar", y fomentar el hábito de ahorrar parte de tu mesada o de los obsequios en efectivo que recibas.

Además, podrás explicarles cómo se gana el dinero a través del trabajo o las inversiones, enseñándoles a valorar cada euro. Un ejemplo práctico sería abrir una cuenta de ahorros para sus hijos y animarlos a contribuir con pequeñas cantidades con regularidad.

...Involucrar a la familia en las decisiones financieras.

Cuando involucra a su familia en las decisiones financieras, como ahorrar para unas vacaciones o planificar grandes compras, ayuda a todos a comprender la importancia de la planificación y la disciplina financiera. Estas conversaciones pueden reforzar la idea de que el dinero debe tratarse de manera responsable y que las decisiones financieras inteligentes son necesarias para lograr objetivos comunes.

Además, incluir a los niños en la planificación financiera familiar puede preparar a las generaciones más jóvenes para enfrentar sus propios desafíos financieros en el futuro, brindándoles una educación financiera práctica que será valiosa durante toda su vida.

..Preparar herencias financieras de forma responsable

Además de educar sobre el dinero, la familia también juega un papel importante en la transferencia de riqueza entre generaciones. Prepararse para dejar una herencia financiera de manera responsable implica no sólo acumular activos, sino también garantizar que los beneficiarios tengan los conocimientos necesarios para gestionar esa herencia con sensatez.

Para lograrlo, puede resultar útil establecer un plan de sucesión o herencia, describiendo claramente cómo se distribuirán sus bienes y cómo se transmitirán sus valores financieros a las generaciones futuras. Hablar abiertamente con la familia sobre estos temas puede evitar malentendidos y garantizar que todos estén preparados para afrontar los recursos que quedan atrás.

Capítulo 19: La importancia de la paciencia y la

coherencia en la gestión financiera

..Cómo el progreso financiero es un proceso a largo plazo

La paciencia y la constancia son dos de los pilares fundamentales para el éxito en la gestión financiera. Aunque muchos sueñan con una riqueza instantánea, la realidad es que construir una riqueza sólida lleva tiempo y requiere una disciplina constante. La clave del éxito financiero no reside en medidas rápidas y arriesgadas, sino en acciones consistentes a lo largo del tiempo.

...El efecto compuesto: la magia del crecimiento exponencial

El efecto compuesto es uno de los mejores ejemplos de cómo se recompensa la paciencia en la gestión financiera. Cuando ahorra o invierte con regularidad, los intereses o el rendimiento de la inversión generan nuevas ganancias, que a su vez comienzan a generar aún más ganancias. Este efecto multiplicador puede parecer pequeño al principio, pero con el paso de los años, la acumulación exponencial se vuelve muy significativa.

Por ejemplo, si inviertes 100 euros al mes a un tipo de interés compuesto del 5%, al cabo de 30 años habrás acumulado mucho más que los 36.000 euros invertidos inicialmente. El poder del interés compuesto aumenta con el tiempo y cuanto antes empiece, mayores serán sus ganancias a largo plazo.

...Resista la tentación de las victorias rápidas

Si bien la paciencia es clave, puede resultar difícil resistir la tentación de buscar ganancias rápidas mediante inversiones de alto riesgo o movimientos financieros especulativos. Sin embargo, es importante recordar que estos métodos rara vez dan como resultado un éxito duradero. Los inversores más exitosos son aquellos que mantienen un enfoque a largo plazo, confiando en su estrategia y no dejándose influenciar por las fluctuaciones a corto plazo de los mercados.

Cumplir con un plan financiero sólido, que incluya ahorros, inversiones diversificadas y control de riesgos, siempre será una estrategia más segura que perseguir ganancias rápidas que pueden resultar en pérdidas importantes.

Capítulo 20: El camino hacia la libertad financiera

..Consolidándolo todo: estrategias prácticas para lograr la libertad financiera

A lo largo de este libro, exploramos los principios fundamentales de la educación financiera y discutimos diferentes estrategias para administrar y multiplicar su dinero de manera inteligente. La libertad financiera es un objetivo alcanzable para cualquiera que esté dispuesto a adoptar un enfoque disciplinado e informado de sus finanzas. El viaje hacia la libertad financiera puede ser desafiante, pero con las herramientas y el conocimiento adecuados, es posible construir una vida de seguridad y abundancia. Ahora, con una comprensión clara de cómo funciona el dinero, cómo gestionar riesgos, invertir sabiamente y establecer objetivos financieros, estará más preparado que nunca para transformar su futuro financiero.

..Los próximos pasos en tu viaje

La libertad financiera es un proceso continuo, no un destino. Ahora que conoces los fundamentos, el siguiente paso es aplicar estos conceptos a tu vida. Comience revisando su situación financiera actual, definiendo sus objetivos y creando un plan para alcanzarlos. Recuerda que la constancia y la paciencia son claves, y que, con el tiempo, las decisiones que tomes hoy darán frutos en el futuro.

Manteniéndote informado, ajustando tus estrategias y manteniendo una visión de largo plazo, podrás lograr la estabilidad y seguridad que deseas para ti y tu familia. La libertad financiera está a tu alcance: solo da el primer paso.

..

..

Conclusión

A lo largo de este libro, hacemos un viaje por el mundo de las finanzas, explorando cómo el conocimiento, la disciplina y las estrategias adecuadas pueden transformar nuestra relación con el dinero. Desde la importancia de **aprender sobre el dinero** hasta el **arte de invertir y gestionar riesgos**, cubrimos los pilares esenciales para alcanzar **la libertad financiera**.

El éxito financiero no es un destino inmediato, sino más bien un proceso continuo de **educación, adaptación y acción consciente**. Comprender los principios fundamentales, permanecer disciplinado en sus hábitos financieros y realizar inversiones inteligentes son los pasos que garantizarán que su futuro sea próspero y estable.

La **mentalidad correcta**, **unos hábitos financieros saludables** y **la gestión emocional** son herramientas esenciales para todo aquel que quiera construir una vida financiera sólida y sostenible. La independencia financiera no se trata sólo de acumular riqueza, sino de lograr la **libertad** de vivir la vida que deseas, sin preocupaciones constantes por el dinero.

Me gustaría expresar mi profunda gratitud por embarcarme en este viaje. Es con gran satisfacción que veo su compromiso de **mejorar su educación financiera** y tomar el control de su futuro financiero. El camino hacia la libertad financiera puede ser desafiante, pero con el conocimiento y la determinación adecuados, tengo plena confianza en que logrará sus objetivos.

El viaje no termina aquí. En cada paso que des recuerda seguir aprendiendo, adaptándote y buscando nuevas oportunidades. El mundo de las finanzas está en constante evolución y con la mentalidad y las herramientas que tienes ahora estarás preparado para afrontar cualquier desafío y prosperar.

..

..

..Gracias

Gracias por emprender este viaje. Este libro está diseñado para brindarle las herramientas y el conocimiento que necesita para dominar sus finanzas personales. Recuerda que el poder de transformar tu vida financiera está en tus manos. Con la actitud adecuada, paciencia y una estrategia bien planificada, el éxito financiero será inevitable. Te deseo el mayor éxito financiero y una vida llena de libertad y plenitud.

Notas:

_____
_____
_____
_____
_____
_____
_____
_____

www.ingramcontent.com/pod-product-compliance
Lightning Source LLC
Chambersburg PA
CBHW070153230526
45471CB00002B/649